Peldaños

2 **La historia de las montañas rusas** *Artículo de Historia*
por Glen Phelan

10 **Montañas salvajes** *Artículo científico*
por Kathleen F. Lally

18 **Cómo hacer un modelo de montaña rusa** *Artículo práctico*
por Judy Elgin Jensen

24 **Comenta**

GÉNERO Artículo de Historia

Lee para descubrir qué rol desempeña la gravedad en las emocionantes montañas rusas.

LA HISTORIA DE LAS MONTAÑAS RUSAS

por Glen Phelan

Clack, clack, clack... La cadena arrastra lentamente los carros cuesta arriba por la gran colina. Miras a tu amigo y sonríes. Es tu primer paseo en montaña rusa. ¡Estás emocionado! Te aferras a la barra de seguridad con una gran fuerza. En solo unos pocos segundos más estarás en la cima. *Clack, clack...* Bien, ya está. ¡Sujétate!

¡VOOM! Los carros caen en picada por la colina. Los pasajeros gritan y las ruedas chirrían. Algunos pasajeros levantan las manos. Piensas: "¿Están locos?". Aprietas la barra de seguridad hasta que te duelen los nudillos. Te retuerces. Giras. Trepas. Te zambulles. Justo cuando crees que no puedes soportar una colina enorme o un giro completo más, los carros se desaceleran y se detienen. Estás de vuelta donde comenzaste.

Tu amigo y tú se miran. Dicen al mismo tiempo: "¡Vamos de nuevo!".

Las montañas rusas son emocionantes. Pero no siempre fueron como en la actualidad. Las primeras montañas rusas no tenían partes de acero. Estaban hechas de madera.

1873

El ferrocarril Mauch Chunk Switchback en Pensilvania deja de llevar carbón y comienza a llevar turistas a la cima y a la base de dos montañas. Motores de vapor arrastran los carros cuesta arriba. Los carros se deslizan cuesta abajo gracias a la **gravedad.** La gravedad es una **fuerza** que atrae las cosas hacia el centro de la Tierra. Un trabajador controla la velocidad con un freno mientras que los carros se deslizan cuesta abajo. El paseo cubre 29 kilómetros (18 millas). Le toma 80 minutos.

1817

Los franceses construyen un paseo con carros hechos con tablas pequeñas sobre ruedas que viajaban sobre rieles. Los ejes se extienden de las ruedas a surcos en las paredes internas de los rieles. Esto asegura las ruedas a los rieles. Los pasajeros descienden por una rampa curva y ascienden parcialmente por otra rampa. Los trabajadores empujan los carros el resto del tramo ascendente. Más tarde, los cables arrastran los carros hacia arriba de modo que los pasajeros puedan disfrutar de la montaña rusa de nuevo sin subir escaleras.

1885

La Serpentine en Coney Island tiene una pista ovalada. El paseo comienza y termina en el mismo lugar. Los pasajeros no necesitan bajar del carro. La velocidad máxima es el doble que la del ferrocarril Mauch Chunk Switchback.

1887

El primer paseo en forma de ocho abre en Haverhill, Massachusetts. Corre dentro de un edificio sobre una pista de patinaje sobre hielo. Cientos de rodillos componen la pista.

1884

La Serpentine abre en Coney Island, un parque de atracciones en la ciudad de Nueva York. El carro corre cuesta arriba y cuesta abajo por una colina ondulada. Al final, el carro pasa a otra pista que trae a los pasajeros de regreso. La velocidad máxima es apenas de 10 kilómetros por hora (6 millas por hora).

1901

La Loop-the-Loop de Coney Island se convierte en la primera montaña rusa con un bucle libre de riesgos. El bucle tiene forma de óvalo. En las primeras montañas rusas, los pasajeros se lesionaban el cuello por las sacudidas en los bucles más pequeños.

1902

Leap-the-Dips se inaugura en Lakemont Park, en Pensilvania. Todavía funciona en la actualidad. Es la montaña rusa más vieja en funcionamiento.

1907

La Drop-the-Dips en Coney Island se convierte en la primera montaña rusa que tiene barras de seguridad en el regazo.

1910

La Venice Scenic se inaugura en Venice, California. Muchas de las primeras montañas rusas son ferrocarriles panorámicos. Los carros disparan luces cuando pasan por túneles. Los pasajeros pueden ver escenas históricas y estructuras como los tempos egipcios.

1924

La Bobs se inaugura en Riverview Park, en Chicago. Sus carros parecen trineos. La década de 1920 es la edad dorada de las montañas rusas. Se construyen más de 1,500 montañas rusas. La Bobs está entre las más divertidas.

1953

La primera montaña rusa importante se construye alrededor del borde externo de un parque pequeño en Tokio, Japón. Esta es una de las primeras montañas rusas que se construye después de la Gran Depresión de la década de 1930 y la Segunda Guerra Mundial en la década de 1940.

1959

Se inaugura la primera montaña rusa de acero en Disneyland, en California. Se llama Matterhorn Bobsleds. Los carros giran a través de una réplica de la montaña suiza llamada Matterhorn.

1964

La Serpiente de Fuego en México D. F. se convierte en la primera montaña rusa que mide 30.5 metros (100 pies) de alto.

1977

Se inaugura la primera montaña rusa que no forma un círculo completo. Los carros viajan ida y vuelta sobre la misma pista. King Kobra, en Kings Dominion, Virginia, es una de las primeras.

1972

Se inaugura The Racer en un gran parque temático en Ohio llamado Kings Island. Se inauguran muchos parques temáticos en las décadas de 1970 y 1980. The Racer tiene dos pistas con un tren en cada una. Los trenes corren entre sí durante el paseo. The Racer hace que el público se interese de nuevo en las montañas rusas.

1981

Se inaugura The American Eagle en Six Flags Great America en Gurnee, Illinois. Todavía es una de las montañas rusas de madera más grande y rápida del mundo.

1982

Se inaugura en Japón la primera montaña rusa en la que los pasajeros van de pie durante el paseo.

1996

Se inaugura Flight of Fear en Kings Island y Kings Dominion. Son las primeras montañas rusas que tienen carros que se desplazan mediante magnetismo. El magnetismo es una fuerza que atrae objetos de metal que contienen hierro. Los imanes están en la pista y debajo de los carros. A través de los imanes pasa electricidad. Esto empuja y hala los carros a lo largo de la pista.

1997

Se inaugura la primera montaña rusa voladora en Manchester, Reino Unido. En Skytrak Total, los pasajeros van boca abajo debajo de la pista. Así, tienen la sensación de que vuelan.

2001

Se inaugura en Kings Dominion la primera montaña rusa que funciona con aire comprimido para empujar los carros. La HyperSonic XLC llega hasta los 130 kilómetros por hora (80 millas por hora) en menos de 2 segundos. Acelera más rápido que cualquier otra montaña rusa.

2005

Se inaugura Kingda Ka en Six Flags Great Adventure en Jackson, Nueva Jersey. Los pasajeros ascienden 45 pisos y luego bajan en espiral.

2007

Se inaugura Maverick en Cedar Point, Ohio. Es la primera montaña rusa con un giro con forma de herradura. El pasajero hace un giro cerrado de 360 grados.

2009

Se inaugura Manta en SeaWorld Orlando. Con la cabeza abajo y hacia adelante, los pasajeros se desplazan como manta rayas en esta montaña rusa voladora.

Desde las tablas con ruedas, las montañas rusas han recorrido un largo camino en 200 años. Las montañas rusas actuales nos demuestran con seguridad cómo es salir disparado al espacio o elevarse como un águila. No es de sorprender que millones de personas se suban a montañas rusas cada año.

Compruébalo ¿Qué rol desempeña la gravedad en el funcionamiento de las montañas rusas?

Lee para descubrir cómo las fuerzas hacen que las montañas rusas sean tan emocionantes.

MONTAÑAS SALVAJES

por Kathleen F. Lally

Imagina los alaridos, gritos y chillidos de estos pasajeros. ¿Quién podría culparlos? ¡Están volando! Al menos así lo sienten. Yacen boca abajo y se deslizan por el aire.

El **trabajo** de esta montaña rusa voladora es trasladar a los pasajeros a través de una distancia. Propulsada por motores, una cadena arrastra el carro por una pista ascendente en espiral. Es como un halcón girando en círculos en el cielo. Los pasajeros cuelgan debajo de la pista. Se agarran de las manijas. El paseo está por cambiar.

Desde la parte superior del espiral, el carro baja en picada. El trabajo comienza a medida que la **gravedad** atrae el carro hacia abajo. El carro da giros, vueltas y rueda por la pista serpenteante. Menos de un minuto después, los pasajeros llegan a una parada tranquila. ¡Ahora saben cómo se siente un superhéroe que vuela! Aún así, este paseo es tranquilo en comparación con otros. ¿Ya te ajustaste el cinturón de seguridad? ¡Prepárate para unos paseos emocionantes!

Montaña voladora, Genting, Pahang, Malaysia

LA MÁS RÁPIDA

La Formula Rossa no es una montaña rusa común. Los carros parecen carros de carrera de Fórmula Uno. No es necesario usar casco, pero sí se deben usar gafas de seguridad. No te preocupes, se ven increíbles. A las velocidades a las que llegarás, las necesitarás. Evitarán que la arena se te meta en los ojos.

Los carros de la Formula Rossa se lanzan por una pista plana. A medida que los carros aceleran, sientes que te empujan contra tu asiento. El carro y tú alcanzan una velocidad de 240 kilómetros por hora (149 millas por hora) en solo 5 segundos. Ahora los carros tienen suficiente **energía de movimiento** para subir de prisa la primera colina. Conforme los carros ascienden, desaceleran a medida que su energía de movimiento se convierte en **energía almacenada**. Los carros acumulan más energía almacenada cuanto más alto están. En la parte superior de la colina tienen mucha energía almacenada porque están muy por encima del suelo.

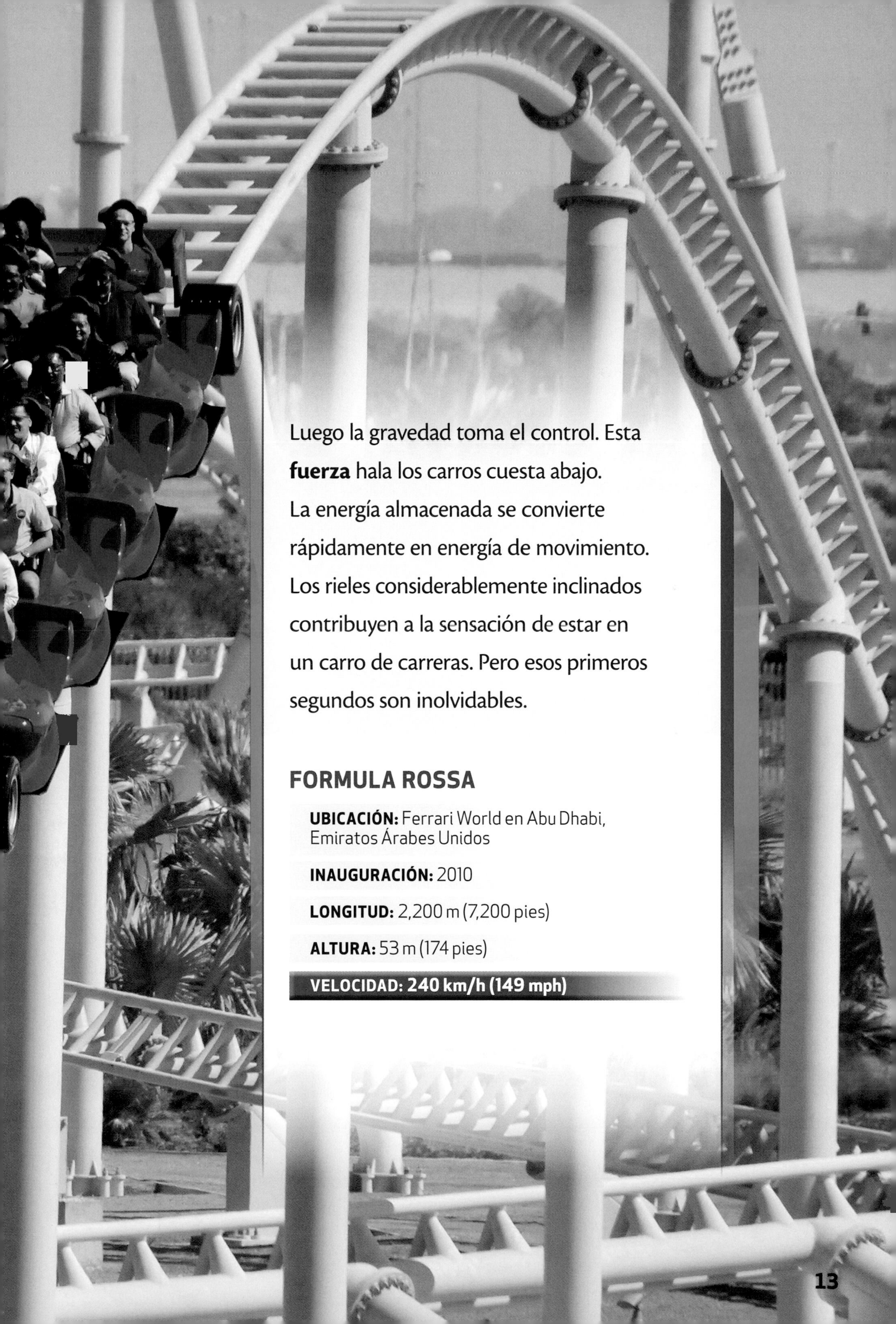

Luego la gravedad toma el control. Esta **fuerza** hala los carros cuesta abajo. La energía almacenada se convierte rápidamente en energía de movimiento. Los rieles considerablemente inclinados contribuyen a la sensación de estar en un carro de carreras. Pero esos primeros segundos son inolvidables.

FORMULA ROSSA

UBICACIÓN: Ferrari World en Abu Dhabi, Emiratos Árabes Unidos

INAUGURACIÓN: 2010

LONGITUD: 2,200 m (7,200 pies)

ALTURA: 53 m (174 pies)

VELOCIDAD: 240 km/h (149 mph)

LA MÁS ALTA

"¡Brazos abajo, cabeza hacia atrás y a sujetarse!".

Escuchas ese anuncio antes del lanzamiento de Kingda Ka. La pista de lanzamiento es plana y recta, ¡pero eso está por cambiar por directamente hacia ARRIBA! ¡Kingda Ka es el rey de las alturas!

Después de un lanzamiento a alta velocidad, los carros alcanzan los 206 kilómetros por hora (128 millas por hora) en solo 3.5 segundos. La fuerza del lanzamiento dispara los carros hasta la torre. Alcanzas el récord mundial de altura de 139 metros (456 pies).

Subes la colina y pasas por encima. Los carros comienzan a desplazarse hacia abajo, pero tu cuerpo todavía se desplaza hacia arriba. Quizá sientas que te despegas de tu asiento. Estás amarrado, pero todavía sientes un momento de "estar en el aire".

KINGDA KA

UBICACIÓN: Six Flags Great Adventure en Jackson, Nueva Jersey, Estados Unidos

INAUGURACIÓN: 2005

LONGITUD: 950 m (3,118 pies)

ALTURA: 139 m (456 pies)

VELOCIDAD: 206 km/h (128 mph)

LA MÁS LARGA

Todas las montañas rusas son emocionantes, pero la mayoría duran solo un minuto, aproximadamente. ¡Pero hay una montaña rusa que dura cuatro veces más! Abróchate el cinturón para Steel Dragon 2000.

Steel Dragon 2000 es una montaña rusa tradicional. Las cadenas arrastran los carros cuesta arriba hasta la parte superior de la cabeza del dragón. La escalada dura más de un minuto. Luego desciendes en picada una distancia de tres canchas de fútbol americano. Esa caída te da suficiente energía de movimiento para subir y bajar por el lomo y la cola del dragón.

A medida que los carros suben y bajan, su energía cambia continuamente entre energía almacenada y energía de movimiento. Estos cambios de ida y vuelta hacen que las montañas rusas sean emocionantes.

STEEL DRAGON 2000

UBICACIÓN: Nagashima Spa Land en Nagashima, Japón

INAUGURACIÓN: 2000

LONGITUD: 2,479 m (8,133 pies)

ALTURA: 97 m (318 pies)

VELOCIDAD: 153 km/h (95 mph)

Estas tres podrían estar en el Salón de la Fama de las montañas rusas. Pero las emociones no terminan aquí. Los ingenieros ya trabajan en la siguiente generación de montañas rusas. ¿Cómo será la próxima gran montaña rusa?

Compruébalo ¿Cómo halar y empujar permiten que una montaña rusa funcione?

GÉNERO Artículo práctico

Lee para descubrir cómo diseñar y construir un modelo de montaña rusa.

Cómo hacer un modelo de montaña rusa

por Judy Elgin Jensen

Si pudieras construir una montaña rusa, ¿qué aspecto tendría? ¿Qué tipos de colinas y descensos incluirías? Esta es tu oportunidad. ¡Haz un modelo de montaña rusa! Los ingenieros usan la ciencia para resolver problemas... ¡incluso los problemas divertidos! Los ingenieros que diseñan las montañas rusas construyen modelos para mostrar si sus diseños mantendrán los carros en las pistas. ¿Las colinas brindarán suficiente **fuerza** para un paseo seguro pero emocionante?

Puedes hacer modelos de montañas rusas con muchos materiales. Prueba los que se mencionan aquí. Luego trabaja con un compañero y sigue los pasos.

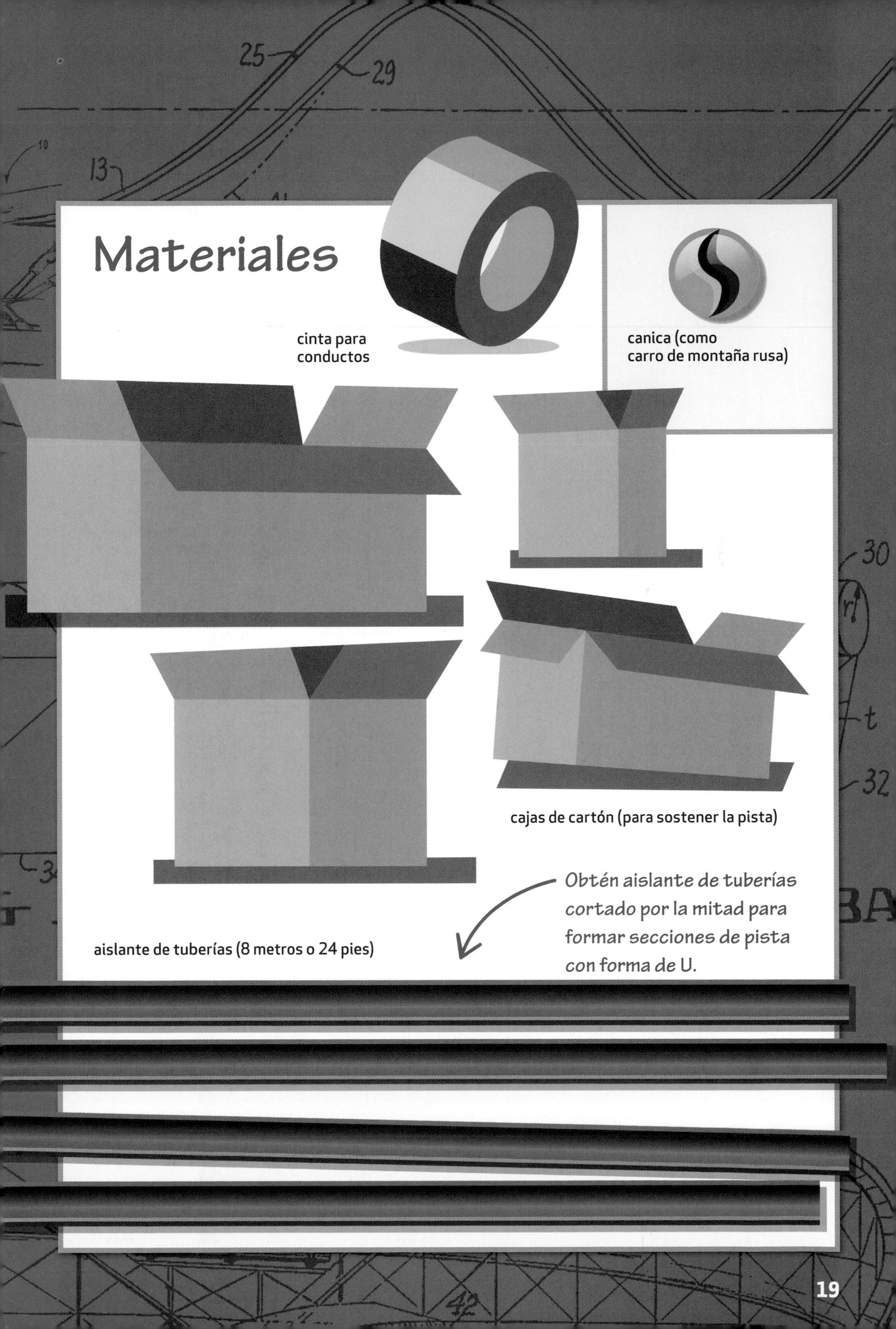
Materiales
cinta para conductos
canica (como carro de montaña rusa)
cajas de cartón (para sostener la pista)
aislante de tuberías (8 metros o 24 pies)
Obtén aislante de tuberías cortado por la mitad para formar secciones de pista con forma de U.

Paso 1: Haz un plan y bosquéjalo

Piensa en qué características quieres que tenga tu montaña rusa. Por ejemplo, quizá quieras que tenga más de una colina. ¿Quieres que tenga curvas, vueltas, giros o tirabuzones?

Haz un dibujo de tu montaña rusa. La colina de elevación debe ser suficientemente grande y darle suficiente energía a tu carro para que ruede por todo el trayecto. Tu carro será una canica, pero la canica no puede rodar muy rápido. Si sale volando de la pista, la montaña rusa real será peligrosa.

Paso 2: Construye tu diseño

Construye tu modelo. Comienza con la colina de elevación. Usa cinta para conductos y conecta las secciones de aislante de tubería. Pega la pista a las cajas, a las sillas y a las mesas. Sigue tu bosquejo, pero si ves una manera mejor de hacer algo, ¡adelante!

Asegúrate de que la cinta no bloquee la canica que rueda.

Paso 3: Pon a prueba y mejora tu modelo

Ahora viene la parte emocionante. Pon a prueba tu modelo. Deja caer la canica desde la parte superior. ¿Recorre todo el trayecto? ¿Es demasiado rápida o demasiado lenta? Mejora tu modelo. Si la canica no recorre todo el trayecto, quizá necesites una colina de elevación más alta. O quizá debas ajustar las otras colinas.

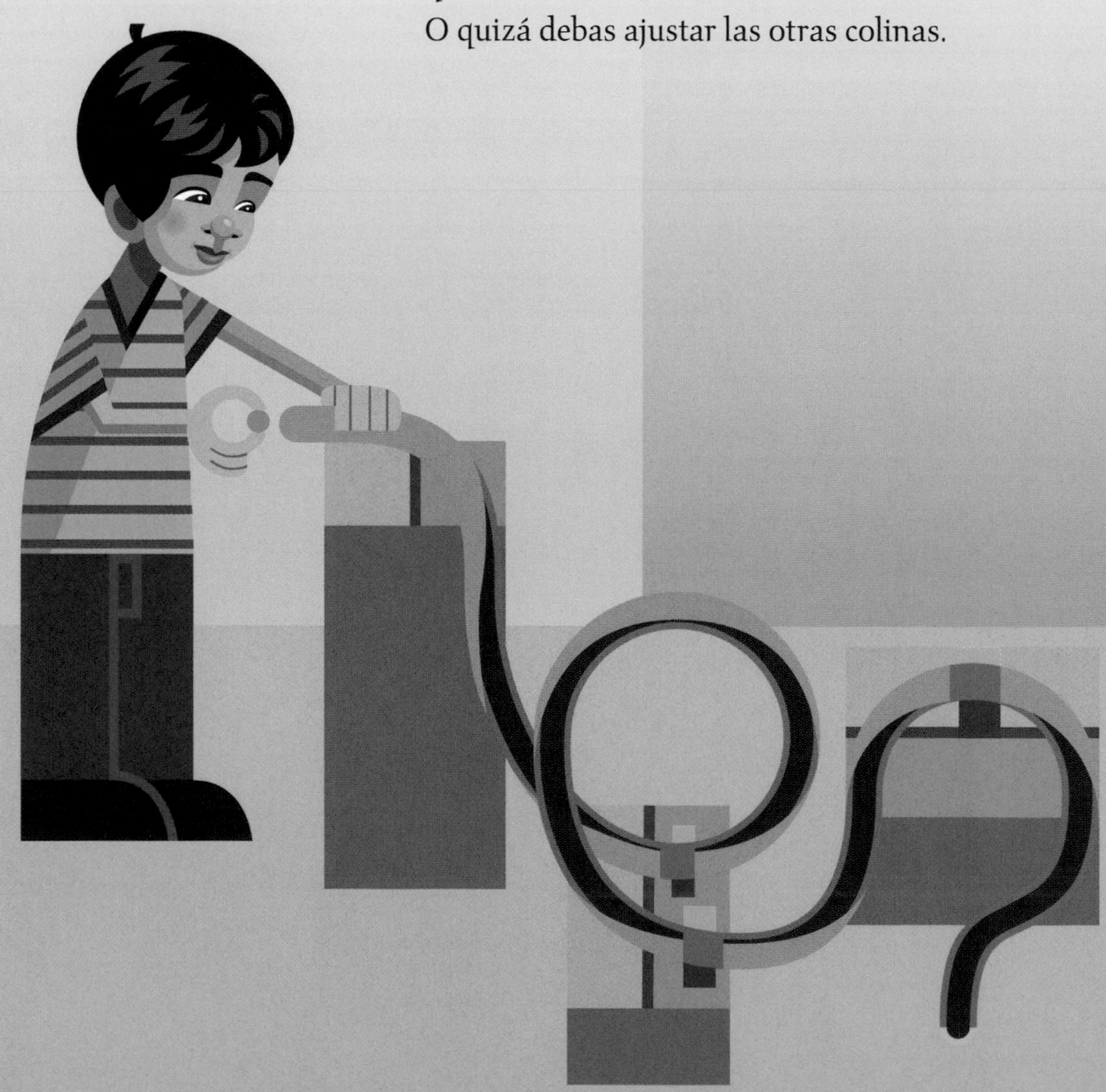

Paso 4: Comparte tus resultados

Muestra tu obra de arte a tus amigos y a tus familiares. Ponle un nombre. Muéstrala en una feria de ciencias o en la escuela. Explica cómo la energía de las canicas cambia constantemente entre **energía almacenada** y **energía de movimiento.** Compara y contrasta tu modelo con las montañas rusas de tus compañeros.

Dale un nombre que indique a los demás la característica más increíble de tu montaña rusa.

ESPIRAL SERPENTEANTE DE SAMUEL.

¿Qué sigue? Haz una lluvia de ideas con los demás para diseñar la "mejor" en cuanto a alguna característica. ¡Crea la montaña rusa más alta, la más larga, la que tenga más colinas o la que tenga más vueltas! Quizá necesites otros materiales, pero ya conoces los fundamentos sobre cómo cambia la energía de los carros. Hay muchísimas opciones. ¡Sé creativo y diviértete!

Compruébalo ¿Cómo puedes adaptar tu modelo si la canica sale volando de la pista continuamente?

Comenta

1. ¿Qué conexiones puedes establecer entre las tres lecturas de *Montañas rusas?*

2. Cita evidencias de "La historia de las montañas rusas" para describir cómo cambió el diseño de las montañas rusas con el tiempo.

3. ¿Cómo usaste lo que aprendiste en "La historia de las montañas rusas" y "Montañas salvajes" para diseñar la tuya?

4. Compara y contrasta la energía de movimiento y la energía almacenada en dos montañas rusas de este libro.

5. ¿Qué te sigues preguntando sobre el diseño de las montañas rusas? ¿Cuáles serían algunas buenas maneras de encontrar más información?